100 ASTUCES SUPER-EFFICACES POUR ÉCONOMISER DE L'ARGENT AUJOURD'HUI

COMMENT GAGNER PLUSIEURS CENTAINES D'EUROS PAR AN AVEC DE PETITS CHANGEMENTS AU QUOTIDIEN

Mona JENKINS

Copyright © Mona Jenkins, 2015. Tous droits réservés.

« Qui économise ne sera jamais dans le besoin. »
Hazrat Ali

Introduction

« Tout augmente », « la vie est de plus en plus chère »... Certes. Toutefois, dans le même temps, les possibilités de limiter nos dépenses sont plus nombreuses. Sans même parler du fait de ne pas céder au diktat des pros du marketing qui essaient de nous convaincre que le dernier gadget à la mode est absolument vital, il est possible de réduire vos dépenses courantes et indispensables.

Quels que soient vos moyens, il est toujours possible de prendre vos finances en main et, si vous êtes pris dans des difficultés financières, de renverser les choses. Tout ce qu'il vous faut, c'est la volonté de faire le premier pas. Cela parait simple mais c'est en fait le plus difficile et certains ne le font jamais. Une fois que vous l'avez fait, le reste suit tout naturellement.

Un des moyens simples et à disposition de chacun pour augmenter ses capacités financières est de faire des économies sur de petites choses au quotidien. Cela ne veut pas dire se priver mais tout simplement être plus conscient de ses choix et ne pas céder à la mode du gaspillage et des achats compulsifs encouragés par la société.

Vous trouverez dans ce livre pas moins de 100 astuces pour faire des économies au quotidien, dans tous les domaines. Prises isolément, chacune d'entre elles n'aura qu'un petit effet mais mises bout à bout, elles vous permettront d'économiser beaucoup d'argent sur la durée.

Certaines peuvent être faites immédiatement, d'autres demandent plus d'effort ou d'organisation, mais toutes sont simples et à la portée de tout un chacun. Bien sûr, toutes ne conviendront pas à tout le monde. Faites votre choix et ne retenez que celles qui vous correspondent.

Ne les sous-estimez pas. Vous serez étonné des économies que vous ferez très rapidement avec seulement quelques-unes d'entre elles.

1. Changez de banque

Si vous ne l'avez jamais fait, vous risquez d'être surpris en examinant ce que vous payez comme frais bancaires annuellement. Avec la multiplication des offres, notamment des banques en ligne, vous pouvez économiser plusieurs dizaines d'euros par an. De plus, régulièrement ces banques vous offrent de l'argent simplement pour ouvrir un compte chez eux. Contrairement aux banques physiques, elles n'ont souvent aucuns frais de gestion, des taux d'intérêt plus attractifs pour vos comptes d'épargne et sont totalement et facilement gérables par internet.

2. Éteignez la télévision

Un moyen simple et efficace de faire des économies est d'éteindre votre poste de télévision, voire de vous en débarrasser. Outre que votre facture d'électricité baissera et éventuellement votre abonnement au câble, vous éviterez d'être soumis au matraquage publicitaire permanent qu'est devenu la télévision moderne. Si vous pensez qu'il ne vous affecte pas, détrompez-vous. Ceux qui fabriquent ces spots publicitaires, et qui dépensent des fortunes pour cela, savent très bien ce qu'ils font. En outre, ne pas passez des heures devant la TV permet de se concentrer sur d'autres activités plus intéressantes, pourquoi pas le développement d'un business lucratif ! Ainsi, vous gagnez sur les deux tableaux.

3. **Plutôt que de collectionner, vendez**

Certaines personnes aiment collectionner toutes sortes de choses. Généralement, au bout d'un moment elles réalisent que cela ne les enrichit pas (ce serait même plutôt le contraire) et évidemment, ne les rend pas plus heureuses. Aujourd'hui ces objets que vous avez peut-être payés très cher à l'époque peuvent sans doute facilement se trouver sur le net ou dans des vide-greniers. Si vous voulez récupérer une partie de l'argent que vous avez investi dans vos collections, vendez-les. Vous ferez un heureux (temporaire !) et vous en profiterez pour vous désencombrer.

4. Souscrivez à toutes les offres de réductions qu'on vous propose

Peu importe où vous vivez, vous trouverez beaucoup de commerçants prêts à vous récompenser pour faire des achats dans leur magasin. Voici le plan de base pour maximiser ces programmes : créez une adresse Gmail ou Yahoo juste pour ces offres, prenez toutes les cartes que vous pouvez, puis vérifiez si vous avez droit à des bons de réduction chaque fois que vous vous apprêtez à faire vos courses. Vous pouvez ajouter à ces réductions d'autres remises, en utilisant des cartes de fidélité qui vous récompense en vous faisant gagner des points sur vos achats, et qui peuvent être échangés contre de l'argent, des produits ou d'autres avantages.

5. Faites vos propres cadeaux au lieu de les acheter tous faits dans une boutique

Si vous voulez économiser de l'argent tout en restant généreusement, la création de vos propres cadeaux « faits-maison » est un moyen d'atteindre ces deux objectifs. Vous pouvez confectionner des paniers comprenant des produits alimentaires que vous aurez fait vous-même, des bougies, du pain frais ou des biscuits, du savon et toutes sortes d'autres choses que vous possédez à la maison. C'est très facile et économique. Cela donne des cadeaux spectaculaires pour les autres parce qu'ils impliquent votre touche personnelle - quelque chose que vous ne pouvez pas acheter dans un magasin - et bien souvent ils sont consommables, ce qui signifie qu'ils ne se retrouvent pas à remplir le placard de quelqu'un avec des trucs inutiles. Pour en effet encore plus réussi : mettez dans le panier une note manuscrite personnelle pour accompagner votre cadeau.

6. Maîtriser la règle des 30 jours

Éviter de céder instantanément à ses désirs est l'une des règles les plus importantes des finances personnelles, et attendre 30 jours pour décider de faire ou non un achat est un excellent moyen de mettre en œuvre cette règle. Très souvent, après qu'un mois sera passé, vous verrez que l'envie d'acheter est passée également et vous aurez ainsi économisé un peu d'argent simplement en attendant. Si vous devez faire un achat de toute façon, attendre un certain temps peut vous donner une meilleure perspective sur ce qui vaut vraiment la peine que vous dépensiez de l'argent.

7. Rédigez une liste avant d'aller au magasin et tenez-vous-y

Une des façons les plus faciles pour économiser de l'argent est de rentrer dans un magasin uniquement quand vous avez une liste. Parce que quand vous n'en avez pas, vous finissez généralement par faire des achats impulsifs et des achats non planifiés - toutes choses qui vous coûtent de l'argent. L'établissement d'une liste avant de vous rendre à l'épicerie ou au supermarché est particulièrement important. Non seulement elle va vous aider à acheter les articles qui correspondent aux menus que vous avez planifié, mais elle peut aussi vous aider à éviter d'acheter des aliments dont vous n'avez pas besoin et qui finiront périmés, à la poubelle. Donc, il est important de toujours établir une liste avant d'aller en courses et, plus important encore, de s'y tenir.

8. Invitez vos amis au lieu de sortir

Les sorties en ville, que ce soit pour manger au restaurant ou vous faire une virée en mode « alcool illimité », sont un des moyens les plus rapides de détruire complètement à la fois votre budget alimentaire et votre budget divertissement en un seul coup. Et dans tous les cas, il revient toujours moins cher de rester chez soi avec des amis (ou chez eux) et de préparer vos propre apéros, repas et activités. Au lieu de sortir en ville, accueillez vos amis et organisez un dîner amusant. Jouer aux cartes, s'asseoir autour du feu, partager un bon film... Vous passerez un excellent moment et chacun fera des économies.

9. **Réparez vos vêtements plutôt que de les jeter**

Ne jetez pas une chemise à cause d'un bouton décousu – prenez un peu de fil et cousez-en un nouveau. Ne jetez pas un pantalon à cause d'un trou – mettez un patch quelconque dessus et gardez-le pour ces moments où vous travaillez chez vous (ménage, bricolage...). La plupart des petits travaux basiques de couture peuvent être apprises par n'importe qui, et un peu de pratique vous servira toute votre vie. L'apprentissage des bases de la couture est une excellente façon d'économiser de l'argent - et de prolonger la vie de vos vêtements. Apprenez les techniques de couture de base et vous pourrez réparer vos vêtements usés au lieu de le jeter.

10. Ne dépensez pas trop d'argent pour divertir vos enfants

La plupart des enfants, surtout les plus jeunes, peuvent se divertir pour vraiment pas cher. Avec simplement du papier et des crayons de couleur, ils peuvent laisser libre cours à leur créativité. Jouez avec eux au ballon dans la cour. Emmenez-les au parc. Faites-leur faire du jardinage. Apprenez-leur à faire du vélo. Sachez que ce que vos enfants veulent surtout est votre temps et votre disponibilité, pas tous ces trucs inutiles que vous leur achetez. Vous garderez de l'argent dans votre poche et de la joie dans votre cœur.

11. Négociez les tarifs de votre carte de crédit ou transférez votre solde

Si vous payez beaucoup d'intérêt sur vos cartes de crédit, il est important de savoir que vous avez un certain pouvoir aussi longtemps que vous honorez vos paiements. Non seulement vous avez le droit de négocier ou renégocier le taux d'intérêt actuel de votre carte de crédit, mais vous avez le droit de transférer votre solde sur une nouvelle carte, ce qui peut s'avérer être votre principal argument dans la négociation. Commencez par appeler l'émetteur de votre carte afin de lui faire part de votre demande. Si vous constatez que la négociation n'est pas possible, consultez les autres offres de cartes de crédit afin de transfert de solde chez un émetteur qui propose un taux inférieur. Cette simple mesure peut vous faire économiser des centaines d'euros d'intérêts au fil des années.

12. Nettoyez les placards

Passez vos placards au peigne fin et tâchez d'y trouver tout ce que vous n'utilisez plus. Ensuite, ne vous contentez pas de vous débarrasser de ces objets, utiliser-les à votre avantage. Vous pouvez organiser une vente de garage, les vendre sur des sites de ventes en ligne, les emmener dans un dépôt-vente ou simplement en faire don (certains dons en nature, comme le matériel informatique par exemple, peuvent faire l'objet d'une déduction fiscale pour le donateur). Toutes ces options peuvent transformer de vieux trucs que vous n'utilisez pas en espèces sonnantes et trébuchantes. En plus de cela, le fait de nettoyer vos placards vous allégera psychologiquement.

13. Achetez des jeux vidéo avec lesquels vous pouvez rejouer - et terminez-les

Si vous êtes amateur de jeux vidéo, focalisez-vous sur les jeux qui peuvent être joués et rejoués maintes et maintes fois, et essayer de faire le tour et de maîtriser un jeu avant d'en acheter un autre. Les jeux de puzzle ou les longues enquêtes correspondent parfaitement - ils maximisent la valeur de chaque euro dépensé. Une fois que vous avez vraiment terminé avec un jeu, faites le reprendre par un magasin de jeu vidéo (la plupart revendent des occasions) ou voyez si vous pouvez l'échanger contre un bon d'achat en magasin que vous pourrez utiliser pour obtenir un autre jeu.

14. Buvez plus d'eau

Non seulement le fait de boire beaucoup d'eau a de grands avantages pour la santé mais cela a aussi des avantages financiers. Buvez un grand verre d'eau avant chaque repas afin d'être rassasié plus rapidement et finalement de manger moins. Non seulement vous économiserez sur votre budget alimentation mais vous vous sentirez également mieux du fait d'être bien hydraté. Boire plus d'eau, que ce soit chez vous ou au restaurant signifie dépenser moins sur les boissons, là où les restaurants font justement leurs plus grosses marges.

A propos, de nos jours l'eau du robinet est non seulement aussi propre que l'eau en bouteille, mais elle est également gratuite. Inutile donc de dépenser de l'argent pour des packs d'eau, lourds à porter et qui consomme les ressources de la planète.

15. Évitez les plats tout prêts et les fast-foods

Au lieu de manger dans un fast-food ou de mettre au four micro-ondes un plat tout prêt quand vous rentrez chez vous, essayez de prendre de bonnes habitudes et de cuisiner des plats simples et sains que vous pourrez emporter avec vous au besoin. Une heure de préparation prise sur le week-end peut vous procurer des repas et des collations simples et bon marché pour la semaine suivante.

N'hésitez pas à ressortir votre grosse cocotte en font pour cuisiner des repas bon marché qui non seulement vous feront économiser de l'argent, mais également beaucoup de temps au final.

16. Ne fumez pas

Si vous êtes encore un fumeur, vous devez savoir maintenant que votre habitude est non seulement coûteuse, mais potentiellement mortelle. Si vous voulez ajouter des années à votre vie et économiser beaucoup d'argent, la meilleure chose à faire est d'arrêter complètement de fumer. Vous pouvez arrêter d'un coup, essayer certains des nombreux produits anti-tabac qui sont disponibles sur le marché ou passer à la cigarette électronique pour un certain temps. Quel que soit le chemin que vous choisissez, vous serez beaucoup mieux lotis.

17. Cuisinez en gros et congelez des parts

Nous savons tous que les cocottes sont pratiques et parfaites pour des plats faciles à préparer. La prochaine fois que vous cuisinez dans une cocotte, faire quatre parts de votre plat et mettez les trois autres dans le congélateur. Quand vous aurez besoin d'un repas rapide pour la famille, vous n'aurez qu'à attraper un de ces plats tout prêts et le réchauffer. La préparation de plusieurs repas à la fois vous permet d'acheter des ingrédients en gros, ce qui signifie généralement des économies supplémentaires. De plus, avoir plusieurs bons plats tout prêts dans le congélateur rend moins probable le fait de vous tourner vers la malbouffe des fast-food ou des plats industriels préparés quand vous êtes pressés.

18. Éteignez les lumières

Garder les lumières allumées dans votre maison n'est peut-être pas coûteux si vous comptez en watt, mais cela vous coûtera de l'argent au fil du temps. Pour économiser autant que vous le pouvez, éteignez les lumières chaque fois que vous quittez votre maison - ou même lorsque vous quittez la pièce. Éteindre les lumières lorsque vous avez beaucoup de lumière naturelle peut également aider à maîtriser votre facture d'électricité au fil du temps. La base : si vous n'utilisez pas une lumière, éteignez-la.

19. Échangez des livres, de la musique et des DVD sur Internet ou à la bibliothèque

Vous pouvez très facilement échanger en ligne les livres, CD, DVD dont vous êtes lassé. Il vous suffit de nettoyer vos supports multimédia et de les échanger avec d'autres personnes en ligne sur des sites dédiés, comme troczone.com. Si vous habitez près d'une médiathèque (qui prête des DVD en plus de livres), c'est encore mieux. Plus vous pouvez emprunter et échanger avec les autres, plus d'argent vous allez économiser avec le temps.

20. Bien rentabiliser les vide-greniers

Les vide-greniers sont l'endroit idéal pour faire de bonnes affaires sur des choses dont vous avez vraiment besoin, comme les articles ménagers, les chaussures, les vêtements ou même des équipements sportifs. Le point à retenir est que vous devez faire attention de ne pas prendre comme prétexte les prix bas que l'on trouve lors de ces ventes comme une excuse pour acheter des choses dont vous n'avez pas besoin. Lors de votre prochain vide-grenier, limitez-vous à des articles qui étaient déjà sur votre liste de choses à acheter.

21. Installez des ampoules à économie d'énergie partout où vous le pouvez

Les ampoules à économie d'énergie peuvent certes coûter un peu plus cher au départ, mais elles ont une durée de vie beaucoup plus longue que les ampoules à incandescence classique et consomment beaucoup moins d'électricité. Il peut paraître difficile de décider quel type utiliser, mais ce sera probablement une simple mise à niveau de ce que vous utilisez actuellement.
Les lampes fluocompactes ou LFC, qui utilisent un quart de l'énergie des ampoules à incandescence et ont une durée de vie de plusieurs années, sont l'option la moins chère après les ampoules traditionnelles. Mais elles ont

aussi quelques inconvénients : elles prennent un certain temps à se réchauffer à donner toute leur luminosité, et elles contiennent également une petite quantité de mercure.

Vous pouvez également opter pour les lampes avec une diode électroluminescente ou LED, qui sont plus chères à l'achat. Cependant, elles sont de moins en moins chères et restent la meilleure option d'éclairage disponible : elles s'allument instantanément, sont plus efficaces que les ampoules fluocompactes, produisent une lueur chaude sans être chaudes au toucher et peuvent durer des décennies.

Vous n'avez pas besoin de remplacer toutes les ampoules de la maison en une seule fois. Même en changeant seulement vos quatre ou cinq ampoules les plus utilisées, vous pouvez économiser des dizaines d'euros voire plus par année.

22. **Installez un thermostat programmable**

L'installation d'un thermostat programmable est une évidence si vous voulez réduire votre consommation d'énergie alors que vous n'êtes pas chez vous, ou tout simplement réguler la température dans votre intérieur. En choisissant de chauffer ou de refroidir votre maison à certains moments seulement, vous vous assurer de ne pas gaspiller d'énergie inutile pendant que vous êtes au travail ou que vous dormez - et vous économisez de l'argent au passage.

23. **Achetez des appareils de qualité qui dureront**

Il vaut la peine de prendre le temps de faire un peu de recherche lorsque vous achetez un nouvel appareil. Un lave-linge ou un sèche-linge fiable et efficace au niveau énergétique peut certes vous coûter un peu plus cher maintenant, mais s'il vous permet d'économiser constamment de l'énergie au quotidien et dure quinze ans au lieu de cinq, vous économiserez une importante quantité d'argent sur le long terme. Lorsque vous avez besoin d'acheter un appareil, faites quelques recherches. Consultez les commentaires des clients que l'on trouve facilement sur le net et les tests réalisés par les magazines ou les sites spécialisés. Une heure de recherche peut facilement vous faire économiser des centaines de d'euros.

24. Nettoyez ou changez le filtre à air de votre voiture

Un filtre à air propre peut améliorer votre consommation de carburant jusqu'à 7%, vous permettant d'économiser en moyenne plus de 100 € tous les 15 000 km parcourus suivant votre véhicule. Le nettoyage de votre filtre à air est facile à faire et ne prend que quelques minutes - il suffit de suivre les instructions du manuel de votre véhicule et vous êtes prêt à repartir. Si le vôtre est trop vieux et encrassé, vous pouvez alors envisagez d'en changer pour un nouveau. Dans la plupart des magasins, un nouveau filtre à air vous coûtera moins de 10 €, qui seront vite amortis.

25. N'utilisez plus de cartes de crédit

Si vous avez l'habitude d'avoir des ennuis suite à l'utilisation intempestive de vos cartes de crédit, cachez-les et conservez-les dans un endroit sûr de votre maison, pas dans votre portefeuille. Si vous avez besoin de garder une carte pour les urgences, pas de problèmes. Il suffit de ne pas la transporter partout avec vous. Si vous êtes souvent tenté de l'utiliser, garder votre carte hors de votre vue peut vous aider à la garder aussi hors de votre esprit.

26. Planifiez vos repas en fonction des promotions de votre épicier

Au lieu de créer votre plan de repas à partir de rien, planifier tous vos menus en fonction de ce qui est en vente et notamment en promotion dans votre épicerie. Regardez les meilleures ventes et les offres les plus intéressantes du moment et planifiez vos recettes sur la base de ces ingrédients et de ce que vous avez sous la main. Faites cela pendant quelques mois et vous constaterez que votre budget alimentaire a beaucoup baissé par rapport à d'habitude.

27. Comparez les prix et trouvez un magasin moins cher

La plupart d'entre nous sommes dans une routine quand il s'agit de faire les courses, allant toujours à la même épicerie ou à la même supérette, et nous ne nous rendons même pas compte que nous sommes loin de faire les meilleures affaires. Heureusement, il y a une façon simple de trouver le magasin le moins cher autour de nous. Il suffit de prendre la liste des choses que vous achetez le plus souvent, disons dix ou vingt articles, puis d'aller les acheter dans chacun des magasins autour de chez vous. Au final, un magasin se révélera comme étant le plus intéressant pour vos achats quotidiens et courant. Faites-en votre magasin habituel et vous commencerez automatiquement à économiser de l'argent.

28. Faites vous-même tout ce que vous pouvez

Avant de l'avoir essayé moi-même, je pensais que faire du pain maison serait juste une perte de temps, qui plus est compliquée. Mais après avoir essayé, je me suis aperçu que c'était assez facile, que cela revenait beaucoup moins cher et que le pain était plus sain et plus savoureux qu'une miche achetée à la boulangerie. Aujourd'hui, j'achète rarement du pain à l'extérieur. Réfléchissez à ce que vous pouvez faire vous-même, chez vous. C'est une excellente façon d'économiser de l'argent - et d'apprendre de nouvelles compétences en route.

29. Évitez le shopping anti-stress

Il est facile de justifier des dépenses tout simplement pour se détendre après une journée stressante au travail. Cependant, c'est rarement une bonne idée. Au lieu d'acheter des choses dont vous n'avez pas besoin pour vous sentir mieux, il peut être sage de trouver d'autres façons de vous détendre à la place. Faire de l'exercice est toujours une bonne option, comme la méditation et même une bonne sieste à l'ancienne. Lisez, regardez des films, ou travaillez dans votre jardin si vous êtes stressé. Dépenser de l'argent ne va pas réduire votre stress sur le long terme.

30. **Définissez un objectif et partagez-le avec les gens que vous aimez**

Cela ressemble à une drôle de façon d'économiser de l'argent, mais pensez-y. En définissant un objectif commun avec des personnes que vous aimez, il devient plus facile pour chacun de planifier des économies. Définissez donc ensemble un objectif grand et audacieux et encouragez-vous les uns les autres à respecter des règles financières pour l'atteindre - bientôt, vous vous apercevrez que vous le faites naturellement et finalement votre rêve se réalisera.

31. Faites un tour d'inspection de vos appareils.

Vérifiez chaque appareil pour vous assurer qu'ils soient propres et non obstrués par la poussière. Regardez derrière les appareils, et utilisez un petit aspirateur pour enlever la poussière délicatement. Vérifiez toutes les grilles de ventilation, en particulier pour le réfrigérateur, le sèche-linge, votre appareil de chauffage ou votre climatiseur. Moins il y a de poussière bloquant la mécanique de ces dispositifs, mieux ils fonctionnent (vous permettant d'économiser sur votre facture d'électricité) et plus ils vont durer (vous permettant d'économiser sur les coûts de remplacement).

32. Annulez les cartes de membres que vous n'utilisez pas

Payez-vous des cotisations pour quelque chose que vous n'utilisez jamais ? Comme par exemple un abonnement à un club de gym ou une association locale ? Si vous approchez de la date anniversaire d'une de ces cartes et constatez que vous ne l'utilisez pas ou rarement, profitez-en pour clôturer votre adhésion. Vous pourrez toujours la renouveler si vous vous apercevez que le service vous manque.

33. **Achetez des articles d'occasion autant que possible**

Souvent, vous pouvez trouvez l'article exact que vous recherchez dans des magasins vendant de l'occasion ou sur internet, qu'il s'agisse de biens d'équipement, de vêtements, de jeux vidéo, etc. Les vêtements notamment coûtent beaucoup moins chez quand ils sont achetés d'occasion, même s'ils sont en très bon état.
Prenez l'habitude de visiter ces magasins en premier quand vous avez besoin de quelque chose et vous économiserez beaucoup d'argent au final.

34. Gardez vos mains propres

C'est très simple : lavez-vous les mains soigneusement dès que vous passez à la salle de bain ou que vous manipulez des aliments crus. Cette habitude toute simple vous préviendra contre de nombreuses bactéries et virus, vous faisant économiser des soins médicaux et une baisse de productivité du fait d'une mauvaise santé.

Cela ne veut pas dire que vous ne pouvez pas explorer le monde et vous salir parfois les mains - ce qui est une bonne chose - mais une bonne hygiène des mains suffit bien souvent à vous garder en bonnes santé.

35. N'enregistrez pas vos numéros de cartes de crédit sur les sites que vous visitez

Il est tentant d'acheter en ligne quand vos informations de carte sont stockées dans le compte d'un site marchand - il suffit de cliquer et d'acheter. La meilleure façon de rompre avec cette habitude est de supprimer purement et simplement vos données de carte bancaire sur ces sites. De cette façon, lorsque vous serez tenté de dépenser, vous serez également forcé de rentrer vos données de carte à chaque fois - et ces quelques minutes vous aideront à réfléchir et à vous demander si vous avez vraiment besoin de dépenser de l'argent pour cet article. De cette façon vous éviterez les achats impulsifs et instantanés.

36. Offrez vos services plutôt que du matériel

Aux jeunes parents, offrez une soirée de baby-sitting pour qu'ils puissent sortir et souffler un peu. Aux propriétaires d'un animal de compagnie, offrez-leur de le garder quand ils sont en voyage. A un nouveau propriétaire d'une maison avec un jardin, offrez-lui de tondre sa pelouse. Ce genre de cadeau est toujours apprécié car il rend un vrai service plutôt que de venir prendre la poussière sur une étagère déjà encombrée.

Quiconque a ou a eu des enfants connaît la valeur d'une soirée de liberté.

37. Achetez vos articles pour les fêtes juste après les fêtes

Beaucoup de personnes utilisent cette technique pour Noël, mais elle peut s'appliquer pour chaque période. Attendez jusqu'à deux jours après les fêtes puis allez acheter ce dont vous avez besoin. Achetez une carte de fêtes des mères pour l'année prochaine le lendemain de la fête des mères. Achetez un kit de décoration d'œufs de Pâques le jour suivant Pâques et des décorations pour Halloween, le 1er novembre. Juste après Noël, achetez votre papier cadeau, vos cartes, rubans et pochettes cadeaux. Les réductions sont énormes et vous pouvez très facilement conservez tout cela dans un placard jusqu'à l'année suivante.

38. Devenez bénévole dans une association

Le volontariat est un formidable moyen de rencontrer de nouvelles personnes, de faire un peu d'exercice et de vous engager dans un projet positif qui peut élever votre esprit. De plus, c'est gratuit et peu vous apporter beaucoup de distractions et le sentiment d'avoir eu une journée bien remplie quand vous êtes dans le bon état d'esprit. Beaucoup de ceux qui s'essayent au bénévolat finissent par y trouver tellement de plaisir qu'ils y passent volontiers de plus en plus de temps, s'engageant même dans plusieurs associations. Il y a une raison. Essayez et voyez !

39. Désencombrez-vous pour préserver votre bien-être et votre porte-monnaie

Commencez par une pièce et interrogez chaque objet qui s'y trouve. En avez-vous vraiment besoin ? Sa présence vous rend-elle heureux ou le seriez-vous tout autant s'il ne s'y trouvait pas ? Si vous identifiez des objets dont vous pouvez vous passez, débarrassez-vous en. Cela ne fait que vous encombrez et peut-être qu'il servira mieux à quelqu'un d'autre. La valeur que vous accordez à votre intérieur augmentera à vos yeux et vous en profiterez pour nettoyer et épurer à fond votre maison.

40. Essayez les marques génériques des articles que vous achetez régulièrement

Au lieu de toujours acheter la même marque pour un article, essayer la marque du magasin ou une marque générique. Non seulement vous économiserez quelques centimes tout de suite, mais vous découvrirez probablement également que la marque du magasin est tout aussi bonne que la marque plus réputée - souvent, la seule différence entre les deux est la publicité, chose pour laquelle je ne suis pas prête à payer plus cher. Une fois que vous aurez essayé les produits génériques, vous constaterez que votre facture d'épicerie a notablement baissé.

41. Préparez vos repas chez vous

Achetez un livre de cuisine simple et pratique à manier et essayez quelques-unes des recettes. Cuisiner est plus simple que la plupart des gens ne pensent, et cela revient moins cher et est plus sain que de manger à l'extérieur ou se contenter de plats tout prêts. En plus, vous pouvez facilement préparer vos repas en avance, que ce soit des plats cuisinés ou de simples sandwichs ou salades.

42. Réduisez le débit d'eau quand vous vous doucher

Douche après douche, cela peut faire une énorme différence à l'année, surtout si votre jet à une forte pression. Vous ne serez pas plus propre avec un gros débit qu'un petit, vous économiserez une ressource précieuse et gagnerez quelques euros chaque mois.

43. Prenez une voiture fiable et à faible consommation

Une voiture fiable et économe en carburant vous fera économiser des milliers d'euros sur le long terme. Si vous abandonnez une voiture qui consomment 7 litres au 100 km pour une autre qui en consomme seulement 5, vous allez économiser 2 000 litres de carburant sur 100 000 km. À 1,3 € le litre d'essence en moyenne, cela fait 2 600 € d'économies. La fiabilité est tout aussi importante. Faites des recherches, elles s'avéreront payantes. Apprenez également quelques règles simples de conduite pour économiser du carburant.

44. Évitez le centre commercial

Le centre commercial est peut-être un endroit sympathique pour certains, mais il est également un lieu de tentation. Voilà pourquoi vous devriez éviter le centre commercial si vous avez réellement besoin d'acheter quelque chose. Le lèche-vitrine quand vous essayez de vous en tenir à budget peut être une torture. Faites-vous une fleur et trouvez autre chose à faire quand vous avez besoin d'un peu de divertissement. Une promenade dans un parc, un puzzle ou un bon film peuvent facilement remplacer vos pérégrinations coûteuses au centre commercial.

45. Maîtrisez la règle des 10 secondes

Chaque fois que vous prenez un article et que vous l'ajoutez à votre panier, arrêtez-vous pendant 10 secondes et demandez-vous pourquoi vous l'achetez et si vous en avez réellement besoin. Si vous ne pouvez pas trouver une bonne réponse, reposez-le. Cela vous empêchera de faire des achats impulsifs à chaque fois que vous aurez à faire des courses.

46. Louez votre espace inoccupé

Votre appartement recèle-t-il une chambre que personne n'utilise ? Louez-la facilement par un site type Airbnb. Si vous vivez dans une ville touristique, cela peut vous rapporter de jolis compléments de revenus. Assurez-vous juste de vous mettre en conformité avec la législation suivant que vous soyez propriétaire ou non et d'avoir envisagé les risques si vous avez des enfants ou des possessions de valeurs.

47. **Créez un support visuel pour vos dettes**

Afin de mieux savoir où vous en êtes dans vos dettes, si vous en avez, créez une barre de progression maxi-format avec le montant total que vous devez, jusqu'à zéro. A chaque fois que vous remboursez une partie, faites une marque sur la barre. Laissez cette barre en évidence et n'oubliez pas de la faire évoluer. Cela vous rappellera combien il est important de vous libérer de toute dette et vous encouragera à agir en ce sens.

48. Annulez vos abonnements aux magazines

Avez-vous des piles de magazines non lus dans chaque pièce de votre maison? C'est probablement la conséquence d'un ou plusieurs abonnements que vous ne lisez peut-être même pas. Ne le renouvelez pas quand arrivera l'échéance. Vous pouvez même essayer de l'arrêter immédiatement et d'obtenir un remboursement pour le temps restant.

49. Prenez un bon petit-déjeuner

Prendre un bon petit-déjeuner chaque matin non seulement vous donnera l'énergie nécessaire pour faire face à vos obligations mais freinera également votre voracité pour le déjeuner et réduira par conséquent votre budget du midi. Un petit-déjeuner bien composé peut et devrait être sain, vite préparé et peu cher. Un bol de flocons d'avoine notamment vous procurera le carburant dont vous avez besoin et vous rassasiera suffisamment pour vous contenter d'un déjeuner plus léger et donc moins cher un peu plus tard dans la journée.

50. Faites un échange de garde d'enfant avec vos voisins

Si vous avez des enfants en bas âge et que vous vivez dans un environnement où d'autres familles sont dans votre cas, n'hésitez pas à faire à leur proposer de garder leurs enfants s'ils souhaitent sortir un soir. Evidemment, ils feront de même pour vous à l'occasion. Cela vous fera économiser sur les frais de garde qui peuvent être dissuasifs, surtout si vous les rajouter au coût de votre sortie.

51. Ne jetez pas les restes de repas, réutilisez-les

Dans l'esprit de certaines personnes, les restes de repas sont considérés comme inférieurs à un repas normal. C'est une simple vue de l'esprit. Savoir accommoder des restes est tout un art et il existe d'ailleurs des ouvrages et des sites spécialisés sur ce sujet. Vous pouvez d'ailleurs en faire un mode courant d'alimentation en prenant comme base de vos repas les restes de ceux de la veille. Quasiment tout est réutilisable. Au passage, vous ferez de belles économies sur votre budget alimentation.

52. Passez vos vêtements en revue, sans exception

Si vous avez l'habitude de vous achetez régulièrement de nouveaux vêtements, jetez un œil sur ce que vous possédez déjà et voyez ce que vous pouvez en tirer. Sortez les vêtements cachés au fond de votre armoire et mettez-les devant. Subitement votre garde-robe vous semblera complètement différente. Déterrez ces habits nichés au fond d'une commode et ramenez-les sur le dessus. Vous vous sentirez comme une nouvelle personne qui n'a pas besoin de dépenser immédiatement de l'argent pour de nouveaux vêtements.

53. **Au travail, emmenez votre déjeuner**

Au lieu d'aller déjeuner à l'extérieur tous les midis, préparez et emmenez votre propre repas, tous les jours ou au moins quelques jours par semaine. Avec une préparation minime qui ne vous prendra que quelques minutes de votre temps, vous pourrez vous confectionner de bons petits plats, ce qui vous fera économiser énormément d'argent sur le long terme. Vos collègues ne comprendront peut-être pas votre désir d'économiser, mais c'est leur problème.

54. Apprenez à vous habiller simplement

Achetez des vêtements qui vont bien les uns avec les autres et vous n'aurez pas besoin d'en posséder beaucoup. Quelques pièces neutres, hauts et bas, vous permettent de changer de tenue chaque jour simplement en les mixant différemment.

55. Demandez de l'aide à vos proches

Quand vous vous sentez découragé, posez-vous et demandez aux gens que vous aimez de vous soutenir. Expliquez-leur simplement ce que vous essayez de faire, dépenser moins, et demandez-leur s'ils ont des suggestions ou juste que vous avez besoin d'encouragements. Vous pourrez récolter de judicieux conseils. En tout cas, ils comprendront mieux votre démarche.

56. Apprenez à tout fixer vous-même

Je me souviens d'une époque où je trouvais difficile de fixer des éléments au mur. Aujourd'hui c'est juste une partie de rigolade. Peu importe ce que vous voulez fixer, des solutions existent et de nombreux tutoriels gratuit sont disponibles sur internet. En plus vous apprendrez une nouvelle technique et vous aurez la satisfaction de l'avoir fait.

57. Ayez toujours un calepin sur vous

J'ai perdu énormément de temps et d'argent par le passé du simple fait d'avoir oublié de brillantes idées que j'ai peu avoir. Rien n'est plus volatile qu'une soudaine inspiration. Aujourd'hui, je note immédiatement toute idée qui me semble importante ou prometteuse. Cela me permet de ne plus rien oublié et croyez-moi le retour sur investissement n'a pas de prix.

58. Investissez dans un grand congélateur

Un grand congélateur peut être un investissement très rentable mais seulement si vous vous en servez. Avoir plus de place de congélation signifie pouvoir acheter en grosses quantités, ce qui vous fait faire de belles économies. De plus, vous pouvez préparez et stocker des repas préparés à l'avance en grande quantité également, ce qui vous fait au final gagner du temps en vous permettant de rentrer chez vous et de simplement piocher dans le congélateur quand vous n'avez pas envie de cuisiner ou que vous recevez.

59. Allez vivre dans un endroit où la vie est moins chère

Il est surprenant de constater les écarts de prix, de loyer et de coût de la vie d'une région à une autre, sans parler d'un pays à un autre. Si votre travail vous permet de vivre où vous le souhaitez, par exemple si vous êtes travailleur indépendant ou avez une activité sur le net, il peut être intéressant de vivre dans une région où la vie est moins chère. Avec ce que vous économiserez dans l'année, vous pourrez voyager. Choisir de déménager peut faire toute la différence entre avoir toujours plein d'argent et simplement essayer de s'en sortir au quotidien.

60. **Profitez des équipements dans votre ville**

N'hésitez pas à profitez des parcs, des parcours de visite, des infrastructures sportives, etc. existant dans votre ville. Il y a beaucoup de possibilités pour qui veut se bouger et cela peut ne rien vous coûter si vous savez où chercher.

61. **Gonflez vos pneus**

Des pneus sous-gonflés peuvent vous coûter très cher en carburant sur le long terme. Un sous-gonflage de simplement 0,5 bar équivaut à une consommation supplémentaire de 2,4 %, c'est-à-dire 33 € et 58 kg de CO_2 par an en moyenne.

62. Entretenez un jardin

Le jardinage est un hobby qui ne coûte presque rien si vous avez un jardin. Quelques outils sont suffisants pour entretenir quelques plants et avoir sous la main des aliments sains pour toute la famille. Les tomates par exemple sont parfaites en été et s'accommodent avec tout. De plus, entretenir un lien avec la terre vous donnera un regain d'énergie dont vous pourrez profiter pour d'autres activités.

63. Soyez à l'affût des évènements gratuits dans votre ville

Chaque ville organise régulièrement des festivals, des concerts, des expositions et autres évènements gratuits. Consultez votre journal local ou le site de votre commune pour les connaître et vous divertir sans rien dépenser. Vous pouvez même profitez de repas, de pots voire de cadeaux à l'occasion, en plus de faire des rencontres sympathiques.

64. **Prenez les transports en commun**

Si vous avez accès à un système de transport en commun près de chez vous, utilisez-le pour aller à votre travail plutôt que de prendre votre voiture. C'est beaucoup moins cher et vous n'aurez pas à chercher une place ou à payer un parking. Si vous vivez dans une grande ville, prenez un abonnement à l'année, vous l'aurez amorti en deux mois maximum comparativement à ce que vous aurait coûté l'usage de votre véhicule personnel. Ce qui revient à dire que les dix derniers mois, vous voyagez gratuitement. C'est toujours cela qui reste en banque.

65. **Coupez-vous les cheveux vous-même**

Ce n'est peut-être pas très populaire, mais si vous avez une coupe toute simple, cela peut se faire. Une tondeuse et une paire de ciseaux suffisent et c'est beaucoup plus simple qu'il n'y parait. Mettez un sac plastique sur le lavabo et c'est parti. Avec un peu de pratique, vous ferez cela très bien et deux ou trois sessions auront amorti l'achat de la tondeuse.

66. Faites du co-voiturage

Si un de vos collègues de travail est également un de vos voisins, vous pouvez envisagez le co-voiturage si la solution des transports en commun n'est pas possible. Vous alternerez l'utilisation des véhicules et tout le monde y trouvera son compte.

67. Listez vos dettes

Toute personne ayant des dettes a besoin d'un plan de sortie. Posez-vous, listez-les et planifiez dans quel ordre vous allez les rembourser. Le simple fait d'avoir un plan vous pousse à le mettre en pratique et remboursez vos dettes le plus vite possible est le meilleur moyen d'économiser sur le long terme.

68. **Achetez une mijoteuse**

Une mijoteuse est probablement un des meilleurs achats que vous puissiez faire pour réaliser des economies et gagner du temps. Vous avez juste à mettre tous les ingrédients à l'intérieur le matin avant de partir au travail, programmer la cuisson sur feu doux et le diner est prêt quand vous rentrez le soir. Il y a de multiples modèles disponibles pour une grande variété de repas et à chaque fois que vous cuisinez de cette façon, vous économisez comparativement à un repas pris à l'extérieur. Une mijoteuse est également parfaite pour cuisiner les restes, ce qui fait une double économie.

69. Faites un entretien régulier de votre logement et de votre auto

Plutôt que d'attendre que quelque chose soit cassé pour vous en occuper, prenez l'habitude de faire le tour de votre logement (et de votre voiture) une fois par mois afin de vous occuper de ce qui doit être fait. Cette simple précaution, qui vous prendra seulement une ou deux heures de votre temps, vous permettra d'éviter d'avoir à déplorer les dégâts trop importants pouvant résulter du manque d'entretien. De plus, cela vous maintiendra en forme et augmentera la valeur de ce que vous possédez avec le temps.

70. Achetez les produits de base en gros

Achetez tous les produits que vous utilisez souvent en gros, particulièrement ceux qui ne s'abiment pas avec le temps, tels les sacs poubelle, le détergent ou les couches pour enfants. Prenez-les dans la plus grande quantité disponible. Cela permet de réduire leur coût petit à petit ce qui sur le long terme correspond à d'importantes économies. Et n'oubliez pas de prendre des produits génériques dans la mesure du possible.

71. **Si vous prenez la route, préparez de quoi vous restaurer**

Quand vous prévoyez de prendre la route, emmenez avec vous de quoi vous restaurez. De cette façon, au lieu de vous arrêtez au milieu du chemin pour manger sur une aire d'autoroute, perdre du temps à faire la queue (il y a toujours du monde) et payer cher pour un repas pas fantastique, vous pouvez vous arrêtez dans un endroit plus calme et vous reposez en même temps.

72. **Réajustez votre forfait mobile**

Il existe de nombreuses stratégies vous permettant d'économiser de l'argent sur votre facture de téléphone mobile et l'une d'entre elles est de passer d'un des gros opérateurs nationaux à un autre plus petit mais qui fonctionne tout aussi bien dans votre région. Pensez également à vérifier si vous ne payez pas des services ou des options que vous n'utilisez pas et supprimez-les.

73. **Profitez d'un prêt étudiant**

Si vous avez vraiment besoin d'un prêt, utilisez votre droit à un prêt étudiant si vous êtes dans ce cas. Les taux d'intérêt sont plus intéressants. Une réduction de 1% sur un prêt de 10K€ vous fait économiser 100€ à l'année.

74. **Achetez uniquement des véhicules d'occasion**

L'achat d'une voiture neuve est un des pires investissements possibles. Non seulement perd-elle immédiatement 20% de sa valeur dès que vous avez franchi la porte du concessionnaire, mais elle continue de perdre de la valeur année après année. Si vous voulez vraiment faire des économies sur les transports, n'envisagez que des véhicules d'occasion en bon état. Si vous vous concentrez uniquement sur des modèles n'ayant que quelques années, vous pouvez même en trouver qui sont encore sous garantie.

75. **Revoyez votre usage d'une bibliothèque**

Ne regardez pas une bibliothèque comme étant juste un endroit pour emprunter des livres. Regardez-la comme un endroit où vous êtes libre de faire toutes sortes de choses. Je l'ai utilisé pour apprendre une langue étrangère, rencontrer des gens, utiliser Internet, emprunter des films et des CD, lire des journaux et des revues gratuitement et me tenir informé des événements dans ma commune. Le meilleur de tous, ça ne coûte pas un sou pour les consultations sur place et trois fois rien pour emprunter par rapport à si vous deviez acheter chaque article.

76. Utilisez un rasoir simple pour vous raser

Mon mari est un fervent défenseur du rasoir de sécurité de base et ce depuis longtemps, mais c'est juste une pièce du puzzle. Pour les rasages "normaux", vous pouvez vous raser sous la douche et sècher la lame après. Utiliser seulement du savon comme mousse est incroyablement économique et vous pouvez ne changer de lame qu'une fois toutes les quelques semaines.

La vraie morale de l'histoire ? Utilisez un rasoir simple - pas un rasoir électrique coûteux qui cesse de raser convenablement au bout de trois ans, ou le dernier modèle multi-lames pivotant avec ses lames de rechange coûteuses - et raser votre visage quand il est mouillé. Vous pouvez obtenir un très bon rasage avec une certaine pratique et économiser beaucoup d'argent sur le long terme.

77. Trouvez une source quotidienne d'inspiration pour agir dans le bon sens

esuis généralement inspiré par mes enfants. Peut-être serez-vous inspiré à opérer des changements par votre épouse ou par quelqu'un de votre entourage que vous respectez. Ou peut-être est-ce simplement un but personnel, comme une retraite anticipée. Trouvez quelque chose ou quelqu'un qui vous motive pour opérer des changements positifs et utilisez cette motivation ou cette personne comme un rappel à l'ordre permanent. Gardez-en une illustration ou une photo dans votre sac, votre voiture, sur votre miroir de salle de bain. Gardez-la en tête aussi souvent que possible.

78. Renseignez-vous sur tous les avantages qu'offre votre employeur

Discutez-en avec une personne des ressources humaines afin de faire le tour des avantages potentiels de la société pour laquelle vous travaillez. Vous pourriez être surpris par ce que vous découvrirez. Après en avoir parlé avec quelqu'un dans mon ancien travail, j'ai pu obtenir des places gratuites pour des évènements sportifs, des spectacles, des tarifs préférentiels pour des cours en ligne et même des conseils pour placer de l'argent que j'avais de côté sur des fonds de retraite. Non seulement cela m'a-t-il permis d'économiser sur mon budget sorties mais a également améliorer le rendement de mes économies.

79. **Fabriquer vos produits de nettoyage au lieu de les acheter**

J'aime faire mes propres produits, tels la lessive ou les produits de nettoyage. Cela est plus sain et revient moins cher que les produits que l'on trouve en grande surface. Faites des recherches, vous serez étonnés de voir combien il est facile et économique de faire vos propres produits ménagers.

80. Suggérez des activités qui ne coûtent presque rien à vos amis et votre famille

Ce n'est pas forcément évident mais il y a quelques techniques pour cela. Une de mes préférées est de d'être le premier à suggérer quelque chose. Cela vous met souvent en situation de tirer le groupe dans la direction que vous voulez. Si vous arrivez à convaincre vos amis d'aller taper la balle dans un parc plutôt que d'aller jouer au golf par exemple, vous vous amuserez tout autant et garderez cet argent dans votre poche.

81. Roulez doucement

Non seulement la vitesse vous fait consommer davantage de carburant mais elle vous met sous la menace d'un contrôle radar et de l'amende qui va avec, comme la plupart d'entre nous l'avons vécu. Il est beaucoup plus économique de simplement rouler à la vitesse autorisée.

82. **Lisez plus**

La lecture est une des activités les plus bénéfiques – et les moins chères. La plupart des villes ont des bibliothèques, il suffit d'y entrer et d'emprunter les livres qui nous intéressent. Installez-vous confortablement dans un endroit agréable et profitez. Vous apprendrez de nouvelles choses, améliorerez votre capacité de compréhension et votre vitesse de lecture, vous vous ferez plaisir, tout cela sans surcoût.

83. **Déménagez dans un logement plus petit**

Il y a de nombreuses raisons pour habitez dans un logement de taille modeste. Si vous vivez dans 200 m2 avec votre femme et vos deux enfants, c'est confortable mais peut-être même un peut trop grand. Il y a fort à parier que vous vous retrouviez tous ensemble dans la même pièce, entourés d'espace vide. Vous n'avez pas besoin d'un lieu immense pour vivre.

Prenez quelque chose de plus adapté, à taille humaine. Vous devriez faire au passage de belles économies.

84. **Prenez une autre route pour aller au travail**

Cela peut-être une astuce fort intéressante si vous vous arrêtez régulièrement de façon quasi-automatique à un certain endroit en allant ou en revenant du boulot. Débarrassez-vous ce cette tentation en prenant une route différente, même si elle est légèrement plus longue. Vous économiserez du temps du fait de ne pas vous arrêter et de l'argent si cet arrêt (bistrot, shopping...) vous fait ordinairement dépenser un peu chaque jour.

85. Demandez systématiquement à être exonéré des frais

Chaque fois que vous souscrivez à une offre de n'importe quel genre qui comporte des frais, demandez à en être exonéré. Cela ne fonctionne pas tout le temps, mais parfois votre demande sera acceptée et vous économiserez de l'argent simplement du fait de dire franchement que vous ne voulez pas payer de frais que vous trouvez excessifs.

86. Ne dépensez pas trop en produits d'hygiène

De nombreuses personnes se sont déjà aperçu qu'acheter des produits d'hygiène peu chers fonctionne tout aussi bien qu'avec des produits qui le sont beaucoup plus. Vous pouvez sans problème prendre le dentifrice ou le déodorant le moins cher. L'important est de vous entretenir soigneusement et régulièrement et vous n'aurez pas de problème. Inutile d'acheter une crème pour le visage à 50€ si vous lavez correctement la peau chaque jour.

87. **Mangez moins de viande**

La viande revient très chère quand vous considérez son apport nutritionnel comparativement aux fruits et aux légumes. Et dans tous les cas, les protéines végétales que l'on trouve par ailleurs, comme par exemple dans les haricots ou les lentilles, mais il y en a bien d'autres. Même si vous ne voulez pas devenir exclusivement végétarien, vous pouvez économiser beaucoup, en argent et en santé, en mangeant moins de viande.

88. **Utilisez des coupons de réduction autant que possible**

Pour économiser encore davantage, utilisez des bons de réduction en plus des produits déjà en promotion. En faisant cela, vous pourrez économiser deux fois. Attention toutefois à ne pas acheter de produits dont vous n'avez pas réellement besoin juste parce que vous avez des coupons.

89. Assurez l'étanchéité de votre logement

De nombreux logements ont des problèmes au niveau de l'aération, avec des fuites d'air bilatérales, ce qui rend difficile le chauffage en hiver et la climatisation en été, ce qui coûte donc plus cher sur le long terme. Vérifiez que votre aération ne vous cause pas de déperdition de cette sorte.

90. Fabriquer votre bière et votre vin

Si vous aimez boire un verre à l'occasion, sachez que vous pouvez facilement fabriquer votre boisson favorite. C'est de plus une bonne occasion de partager un bon moment avec vos amis. Vous partagez l'équipement et les ingrédients de base puis vous partager les bouteilles. Vous pouvez facilement faire 20 litres d'un coup et avec un peu d'expérience cela ne prend pas trop de temps.

91. **Assurez-vous que vos prises protègent vos équipements électroniques**

C'est tout spécialement vrai pour vos produits informatiques et audiovisuels. Une surtension électrique peut causer des dommages irréversibles. Dépenser un peu d'argent dans une prise contre les surtensions ou parafoudre est donc en réalité un bon investissement. Pour prolonger encore plus la durée de vie de vos appareils, pensez à simplement débrancher ceux que vous n'utilisez pas souvent pour éviter l'alimentation fantôme.

92. Optez pour le prélèvement automatique

Choisir le prélèvement automatique, c'est s'assurer que vos échéances seront honorées en temps et en heure et vous éviter ainsi des frais de retard. De plus dans certains cas vous pouvez vous voir proposez une réduction en choisissant cette option, autant en profiter.

93. Réduisez vos dépenses pour les vacances

Au lieu de partir pour de longues vacances extraordinaires, chargez votre voiture et commencez par découvrir les lieux intéressants près de chez vous. Il y a fort à parier que vous ne connaissiez pas certains lieux pas si lointains et pour lesquels des touristes viennent du monde entier. Vous pouvez également profiter des offres promotionnelles hors saison si vous souhaitez vraiment partir à l'étranger.

94. Supprimez votre abonnement au câble

Beaucoup de ceux qui ont un abonnement aux chaines câblées payent pour une multitude de chaines qu'ils ne regardent en réalité presque jamais. Si la raison est que certaines chaines passent de bons films de temps en temps, demandez-vous s'il ne serait pas plus intéressant de les louer ou mieux, de les emprunter à votre médiathèque locale.

95. Faites de l'exercice

Marchez ou faites un footing chaque jour, faites du stretching ou quelques exercices quotidiens de musculation chez vous. Cela ne coûte rien et vous procure d'immenses bénéfices en termes de santé. Quelques minutes suffisent pour démarrer et vous permettront de vous maintenir en forme physiquement et mentalement.

96. **Payez en ligne quand vous le pouvez**

Si le prélèvement automatique n'est pas possible, pensez au paiement en ligne. Cela sert deux objectifs. Premièrement, cela vous maintien au plus près de votre argent. Profitez de chaque paiement pour vérifier l'état de vos compte, votre solde, etc. sur le site de votre banque. Deuxièmement, cela vous fait économiser des timbres, du papier et des déplacements à la poste. Aujourd'hui on peut même scanner et envoyer par mail les documents demandés par certains organismes. Utilisez ce système.

97. **Connectez vos équipements à une multiprise munie d'un interrupteur**

L'idée est de regrouper les appareils fonctionnant ensemble sur une même multiprise. Par exemple votre ordinateur, votre imprimante, votre scanner. Ou votre téléviseur, votre console de jeu et votre lecteur DVD. Quand vous éteignez l'appareil principal, ordinateur ou téléviseur, mettez l'interrupteur de la multiprise en position « off ». Ce faisant vous supprimez d'un coup l'alimentation fantôme et le mode veille des différents appareils. Sur une année, cela peut représenter une économie significative sur votre facture d'électricité.

Les trois dernières astuces sont plutôt d'ordre philosophique. Elles vous permettront de persévérer et de ne pas vous décourager, même quand vous chutez.

98. Ne vous culpabilisez pas lorsque vous commettez une erreur

Même si vous faites dix bons choix, il est fréquent de vous culpabiliser et de vous en vouloir quand vous en faites un mauvais. Si vous commettez une erreur et que vous vous en apercevez, essayez d'en tirer la leçon et de comprendre pourquoi vous vous êtes trompé afin de ne pas la reproduire. C'est par ses erreurs que l'on apprend le plus quand nous savons comment les aborder.

99. Regardez toujours devant

Ne vous laissez pas tirer en arrière par votre passé ou vos erreurs. Regardez toujours devant. Apprenez à voir vos erreurs passes pour ce qu'elles sont : des leçons qui vous permettent d'apprendre et d'avancer. C'est par l'expérience que l'on apprend, bonne ou mauvaise. Acceptez votre passé et ne le ressassez pas. Promettez-vous de faire mieux la prochaine fois et fixez-vous des objectifs afin de laissez vos regrets et vos erreurs là où elles doivent l'être : dans le passé.

100. N'abandonnez jamais

Chaque fois que vous sentez que vous vous découragez par rapport à vos dettes, à l'argent ou à quoi que ce soit d'autre, consultez les sites et les blogs traitant de ces sujets. Vous y lirez les témoignages d'autres personnes qui ont connu les mêmes difficultés que vous et qui s'en sont sorti. Vous vous sentirez moins seul, cela vous réconfortera, vous stimulera et vous offrira des pistes pour vous en sortir. Quand vous l'aurez fait, ce sera à votre tour de témoigner afin d'aider les autres à surmonter leurs problèmes.

Conclusion

Vous avez maintenant à votre disposition des dizaines de trucs et astuces pour économiser de l'argent au quotidien, que vous pourrez consacrer à des projets qui vous tiennent vraiment à cœur. Commencez par ceux qui vous parlent et qui sont parfaitement adaptées à votre situation. Je suis sûre que vous pouvez en appliquer immédiatement au moins une dizaine.

Passé les premiers jours, vos nouvelles habitudes, de consommation ou de vie, seront devenues des automatismes. Mois après mois, vous constaterez que vous avez plus d'argent dans votre poche, plus de liberté et moins de stress.

C'est en tout cas le but que je me suis fixé en rédigeant cet ouvrage.

Du même auteur

Les secrets de l'organisation: Découvrez d'étonnantes et incroyables techniques pour organiser au mieux votre espace et votre temps

www.ingramcontent.com/pod-product-compliance
Lightning Source LLC
Chambersburg PA
CBHW070429180526
45158CB00017B/932